Adolph Kolping

Visionär und Reformer

von Rüdiger Müller

Herder Freiburg · Basel · Wien

Seelsorger – Realist – Reformer

Das Bild einer Brücke steht mir vor Augen, die weit auseinanderliegende Ufer verbindet und auf starken Stützpfeilern ruht. Worte eines Geistlichen, dem ich als Jugendlicher begegnete, trugen dieses Bild an mich heran. Damals hatte ich Aufnahme in einer Kolpingfamilie gefunden, die er als Präses betreute. Ich war fremd am Ort, fühlte mich krank vor Heimweh und verstört über die Härte der Arbeitswelt, mit der ich zum ersten Mal konfrontiert wurde. Er erkannte, daß ich mich weder mit mir noch in meiner Umgebung zurechtfand. Seine Stimme, seine nachdenklich tastenden und dennoch klaren Worte blieben mir in Erinnerung: „Wir müssen Brücken bauen. Das ist unsere Aufgabe. Es ist auch Deine Aufgabe. Um Brücken bauen zu können, braucht man Stützpfeiler, die im Strom der Zeit stehen und der Strömung standhalten. Wir selbst sind die Stützpfeiler, die unsere Brücken tragen."

Das Bild vom Brückenbau prägt seither meine Vorstellung von der Persönlichkeit und dem Werk Adolph Kolpings. Er baute Brücken, setzte Pfeiler für Pfeiler und verband sie miteinander in der Gewißheit, daß gelingen wird, was notwendig und gut ist: „Wem es um das Rechte wahrhaft ernst ist, dem wird Gott immer helfen." Daran hielt er sich allen Schwierigkeiten und Widerständen zum Trotz. So entstand sein Werk, der Gesellenverein: eine Idee, die er zu Beginn seiner seelsorgerischen Arbeit aufgriff, sich zu eigen machte und mit dem Einsatz seiner ganzen Kraft, konsequent in der Durchsetzung seiner Vorstellungen und mit einem unbeugsamen Willen, der kein „unmöglich" kannte, realisierte und ausweitete – als Seelsorger, Realist und Reformer.

Adolph Kolping – im Oktober 1991 in Rom selig gesprochen – war Seelsorger, Realist und Reformer in einem. Sein Werk entstand in einer Zeit des Umbruchs, der Auflösung gewachsener Bindungen und dem Beginn einer langsamen, aber radikalen gesellschaftlichen Entwicklung. Seine pragmatische und von christlichem Geist bestimmte Zielvorstellung, durch einen humanen Wandel unwürdiger Sozialstrukturen die Lebens- und Arbeitsbedingungen vor allem der Handwerkerschaft zu erneuern – nicht allein durch Veränderung der Strukturen, sondern durch einen Wandel im Denken und Verhalten der Menschen –, trägt auch für unsere Zeit visionäre Impulskraft in sich.

„Helft eine bessere Zukunft schaffen, indem ihr sie erziehen helft!" Er selbst stellte sich in den Dienst dieser Forderung. Ihr galt sein Engagement als Mensch und Seelsorger. Er rückte den Menschen – seine persönliche und fachliche Bildung – sowie sein soziales Umfeld in den Mittelpunkt seines Handelns. Als Promotor einer großen Organisation, die zum Dach für heimatlos durchs Land wandernde Handwerksgesellen wurde, kann Adolph Kolping als Prototyp einer heiligmäßigen, modernen Persönlichkeit gelten, die ihre Aufgabe als Christ darin erkannte, praktikable soziale Lösungen für das hier und Heute nicht nur zu predigen, sondern auch beispielhaft zu realisieren.

Johannes Paul II. am Grab Adolph Kolpings in Köln, 15. 11. 1980

Schustergeselle und Student

Adolph Kolping wurde am 8. Dezember 1813 in Kerpen bei Köln geboren, viertes Kind eines Lohnschäfers. Seine Geburtsurkunde ist noch in französischer Sprache ausgestellt. Doch im gleichen Jahr hat die Völkerschlacht bei Leipzig das Ende der Herrschaft Napoleons über Mitteleuropa besiegelt. Der spätere Gesellenvater wächst in einer Familie auf, die ihm menschliche Anteilnahme und den Ansporn vermittelt, das Beispiel der Zuwendung und Sorgsamkeit seiner Eltern Anna und Peter Kolping zu übernehmen. Nicht zuletzt ihnen verdankt der junge Adolph Kolping die offenen Augen und den wachen Sinn für die Sorgen und Nöte seiner Mitmenschen. Er vermag sich diese Fähigkeiten auch in der Kälte und Brutalität einer Umgebung zu erhalten, in

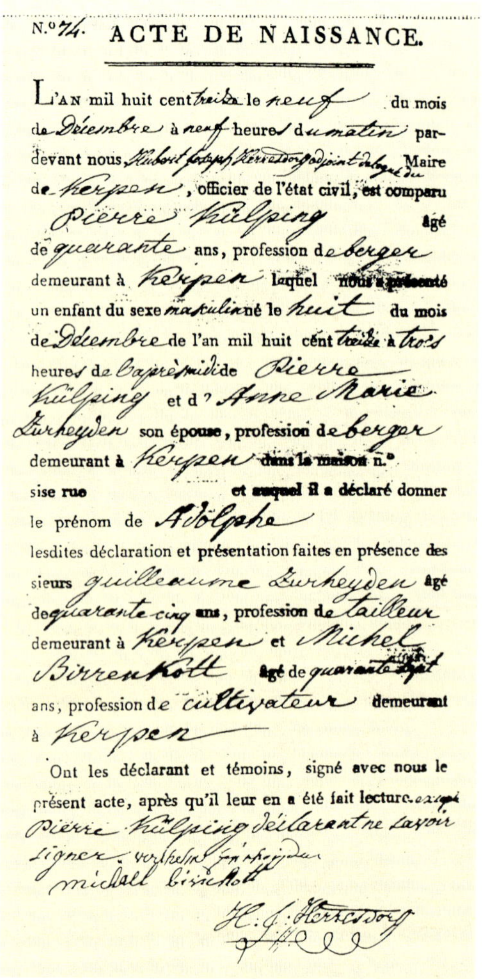

N.° 74. ACTE DE NAISSANCE.

L'AN mil huit cent treize le neuf du mois de Décembre à neuf heures du matin par-devant nous, Hubert Joseph Herrestorff adjoint délégué du Maire de Kerpen, officier de l'état civil, est comparu Pierre Külping âgé de quarante ans, profession de berger demeurant à Kerpen lequel nous a présenté un enfant du sexe masculin né le huit du mois de Décembre de l'an mil huit cent treize à trois heures de l'après midi de Pierre Külping et d'Anne Marie Zurheyden son épouse, profession de berger demeurant à Kerpen dans la maison n.° sise rue et auquel il a déclaré donner le prénom de Adolphe lesdites déclaration et présentation faites en présence des sieurs guillaume Zurheyden âgé de quarante cinq ans, profession de tailleur demeurant à Kerpen et Michel Birrenkott âgé de quarante sept ans, profession de cultivateur demeurant à Kerpen

Ont les déclarant et témoins, signé avec nous le présent acte, après qu'il leur en a été fait lecture. excepté Pierre Külping déclarant ne savoir signer.

Geburtshaus in Kerpen

der jeder für sich und keiner für alle lebt. Es ist eine Welt, in der das Ellenbogengesetz den Ton angibt, in der trotz der kaum verhallten Rufe von Freiheit, Gleichheit und Brüderlichkeit die Arbeitenden mehr und mehr als billige Renditeobjekte für ausbeuterische Absichten mißbraucht werden.

Kolpings geistige Regsamkeit, sein Wissensdurst und sein sprachliches Talent finden schon früh in Jakob Wilhelm Statz, dem Lehrer und Schulleiter der einklassigen Volksschule in Kerpen, einen verständigen Erzieher und Wissensvermittler. Kolping hat später die Schulzeit als die glücklichste Zeit seines Lebens bezeichnet. Für seinen Traum vom Studium fehlen den Eltern jedoch die finanziellen Mittel. Als 13jähriger beginnt er daher eine Lehre als Schuster und geht nach seiner Lehrzeit wie die meisten Handwerksburschen seiner Zeit auf Wanderschaft. In Sindorf und Düren, zuletzt in Köln fragt er nach Arbeit und findet sie unter der gläsernen Schusterkugel. Unterwegs stößt er auf das wüste Treiben und die Verlorenheit heruntergekommener Handwerksgesellen, die sich arbeits- und zukunftslos durchs Leben schlagen. Ihn erschrecken die Not und die Heimatlosigkeit der Junghandwerker, die Besseres verdient hätten, aber durch die unerbittliche Härte des schon länger andauernden Verdrängungswettbewerbs auf dem Arbeitsmarkt und durch die Auswirkungen der technischen Entwicklung an den Rand der Gesellschaft, in die Gosse gedrängt werden. Vor allem in Köln schockieren ihn die Bedingungen, unter denen seine Standesgenossen zu existieren gezwungen sind: „Noch bebt mein Innerstes, wenn ich an die schrecklichen Tage denke, die ich dort mitten unter der Liederlichkeit und Versunkenheit der Handwerksgesellen zugebracht habe“, erinnert er sich später an deren zur Regel gewordenen Kneipenbesuche, an haltlose Trinkerei und alkoholvernebelte Stunden und Tage, die in der Verlorenheit fremder Straßen oder in kläglichen Quartieren endeten.

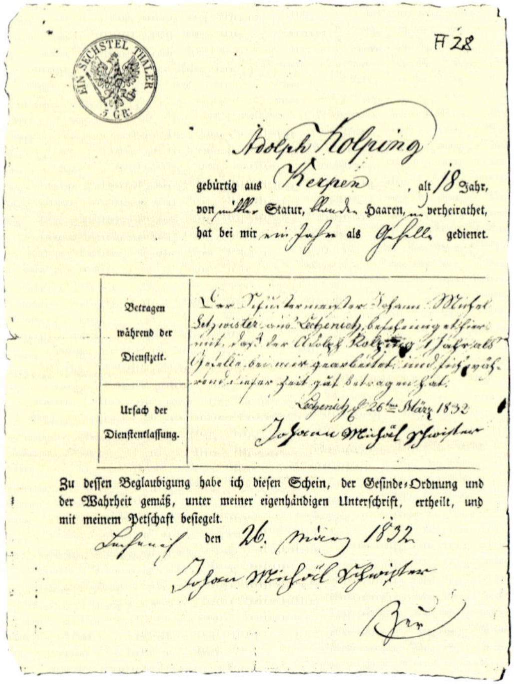
EIN SECHSTEL THALER 5 GR.

A 28

Adolph Kolping

gebürtig aus Kerpen, alt 18 Jahr,
von mittler Statur, braunen Haaren, — verheirathet,
hat bei mir ein Jahr als Geselle gedienet.

Betragen während der Dienstzeit.	Der Schuhmachermeister Johann Michel Schwister aus Lechenich bescheinigt hiermit, daß der Adolph Kolping 1 Jahr als Geselle bei mir gearbeitet und sich während dieser Zeit gut betragen hat. Lechenich den 26ten März 1832
Ursach der Dienstentlassung.	Johann Michel Schwister

Zu dessen Beglaubigung habe ich diesen Schein, der Gesinde-Ordnung und der Wahrheit gemäß, unter meiner eigenhändigen Unterschrift, ertheilt, und mit meinem Petschaft besiegelt.

Lechenich den 26. März 1832

Johann Michel Schwister

Gesellenschein, 1832

In ihm reift der Entschluß, Priester zu werden, wobei ihm zunächst nur eines wichtig ist: seinem niederen Stand zu entkommen. Keinesfalls will er im Bodensatz der korrupten und verelendeten Handwerkerschicht steckenbleiben. Zu diesem Zeitpunkt ist er noch weit entfernt von seinen späteren

sozialen Reformplänen. Zuerst geht es ihm jetzt darum, seinen eigenen, besseren Weg zu finden.
Adolph Kolping ist 24 Jahre alt, als er beginnt, seinen Entschluß in die Tat umzusetzen. Der Kerpener Kaplan, Theodor Wollersheim, erschließt ihm den Weg in die lateinische Sprache und bereitet ihn auf den Besuch der Höheren Schule vor. Ostern 1837 wird er in die Tertia des Marzellengymnasiums in Köln aufgenommen.
Seit dem 4. November 1837 fängt er an, Tagebuch zu führen. Aus den ersten Zeilen spricht die Begeisterung, mit der er den vor ihm liegenden Weg betrachtet und entschlossen ist, ihn zu gehen: „O nein! Dieses Ideal ist kein Phantasiebild, keine Vorstellung, deren Verwirklichung nicht existiert, kein Bild, das, mit einem Heiligenschein umgeben, sich stolz unter seinen Brüdern hervorheben soll, das alles nicht. Erst will ich mich bestreben, Mensch zu sein, die hohe Bestimmung begreifen zu lernen, zu der ich

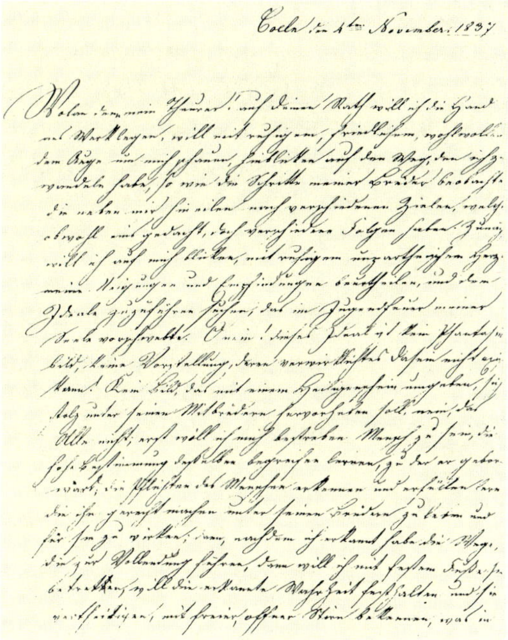
Coeln den 4ten November 1837

Tagebuch, Blatt 1

geboren war; die Pflichten des Menschen erkennen und erfüllen zu lernen, die ihn gerecht machen, unter seinen Brüdern zu leben und für sie zu wirken. Nachdem ich dann die Wege, die zur Vollendung führen, erkannt habe, will ich mit festem Fuße sie betreten, will die erkannte Wahrheit festhalten, mit freier, offener Stirne bekennen, was in meiner Seele vorgeht, der Wahrheit ein Zeuge, dem Mitmenschen ein Bruder sein ..."

Vor ihm liegen ein noch unbestimmtes Ziel und Jahre, in denen er seinen Lebensunterhalt durch Nachhilfestunden verdienen muß, sich Nächte hindurch mit den Anforderungen des Lehrstoffes abquält und sich gegen den Spott der viel jüngeren Mitschüler und gegen bittere Not zu behaupten hat. Es wird immer wieder berichtet, wie sich Kolping schon während seiner Gesellenzeit, später als Gymnasiast und ebenfalls als junger Priester persönlich um Notleidende bemüht hat. Er war bekannt dafür, daß er kranke Gesellen pflegte und Sterbenden in ihren letzten Stunden Beistand leistete. So pflegte er einen Schustergesellen, der an den Blattern erkrankt war, bis dieser starb, und zog sich dabei selbst die gefährliche und ansteckende Krankheit zu. Als Domvikar in Köln riskierte er später sogar sein eben begonnenes Lebenswerk, den Gesellenverein, weil er sich während einer Epidemie freiwillig als Seelsorger für die Cholerakranken zur Verfügung stellte, obgleich er sich selbst in schlechter gesundheitlicher Verfassung befand. Leuten, die ihn vor diesem Einsatz warnten, soll er geantwortet haben: „So einen wie mich kann unser Herrgott alle Tage haben."

Wenige Jahre vor seinem Abitur wurde Adolph Kolping zu einem Sterbenden gerufen. Er fand in einer armseligen Kammer einen durch Trunksucht an Leib und Seele ruinierten Theologiestudenten. In der Pflegerin, die an dessen Bett wachte, erkannte Kolping die älteste Tochter des Gutsbesitzers Meller, bei dem sein Vater als Schäfer angestellt war. Da sie dringend zu Hause erwartet wurde, bat sie ihn, sich um den in den Tod Hinüberdämmernden zu kümmern und während seiner letzten Stunden bei ihm zu bleiben. Die junge Frau war derart bewegt von der behutsamen und liebevollen Art, mit der Kolping sich des ihm völlig fremden Menschen in der Verlassenheit des Sterbens annahm, daß sie sich auf dem Heimweg entschloß, ihm für sein bevorstehendes Theologiestudium alle finanziellen Sorgen abzunehmen. So konnte er nach dreieinhalb Jahren das Gymnasium mit dem Reifezeugnis verlassen und sein Studium beginnen, das ihn nach München und Bonn führte. Während seiner Studienzeit trug er sich mit dem Gedanken, später eine Lehrtätigkeit an einer theologischen Hochschule aufzunehmen.

Die Entdeckung in Elberfeld

Am 13. April 1845 wird Adolph Kolping in der Kölner Minoritenkirche zum Priester geweiht. Sein Vater war in der Nacht zuvor, seine Mutter bereits Jahre zuvor gestorben. Dann kommt er als Kaplan nach (Wuppertal-)Elberfeld, wo ihn ein Übermaß an Aufgaben erwartet, die ihm mehr und mehr die großen sozialen Probleme bewußt machen, – Probleme, welche aus dem Wandel von einer Agrar- und Handwerks- in eine Industriegesellschaft entstanden sind. Kolping begreift den folgenschweren Zusammenhang zwischen Unwissenheit und Abhängigkeit, zwischen dem ohnmächtigen Ausgeliefertsein an die neuen Härten einer technisierten Arbeitswelt, dem zunehmenden wirtschaftlichen Wettbewerbsklima und der aussichtslosen

Unfähigkeit, als einfacher Arbeiter an den gesellschaftlichen Veränderungen positiv teilzuhaben: „Die untere Schicht des Volkes ist schrecklich unwissend, schrecklich verkommen, vernachlässigt an Leib und Seele, elend durch und durch. Die große Masse der Fabrikarbeiter schmachtet im Elend.“

Das seit Jahrhunderten gewachsene und in sich ausgewogene Lebens- und Berufsgefüge des Handwerkerstandes zerfiel. Zahlreiche Kleinbetriebe verloren ihre Existenzgrundlage. Die von ihnen abhängigen, Arbeit und Lohn suchenden Menschen fanden nicht im gleichen Maße Beschäftigung und Auskommen in den neu entstehenden Fabriken. In einer Zeit wirtschaftlichen Aufschwungs erlebten zahllose Menschen den Abstieg unter die Armutsgrenze. Eine dünne Schicht erhöhte ständig die Rendite ihrer Unternehmungen und fand im wachsenden Proletariat billige und notgedrungen willige Arbeitskräfte. Der Rest – und der war erheblich – lag auf der Straße oder quälte sich mit Minimaleinkünften aus gewerblicher oder landwirtschaftlicher Arbeit über die Runden. Die alten Traditionen des Handwerks verkamen, die bisherigen Beziehungen zwischen Meistern und Gesellen lösten sich auf; die Wohngemeinschaften in den Meisterfamilien, einst Regel, wurden Seltenheit. Die Handwerksgesellen waren gezwungen, in primitiven Absteigen unterzukommen, oft ohne Arbeit, ohne soziale Sicherung, jeder Form von Ausbeutung ausgeliefert. Tausende irrten heimat-, beziehungs- und brotlos durch die Lande.

Adolph Kolping, der Schuster, bleibt als Seelsorger, Realist und Reformer „bei seinen Leisten“. In Elberfeld lernt er den vom Lehrer Johann Gregor Breuer gegründeten Gesellenverein kennen und sieht sofort, daß ein Verein dieser Art eine große Chance ist, junge Menschen zu sammeln, ihnen eine Heimatstatt zu geben und sie

anzuleiten, etwas Rechtes aus sich zu machen. Als Breuer ihm eine Denkschrift zukommen läßt, in der das Statut des katholischen Gesellenvereins zu Elberfeld festgeschrieben ist, spricht Kolping ihn einige Tage später überzeugt und begeistert an: „Da haben Sie aber ein Ding gemacht, daran habe ich all' mein Lebtag gefreit!“ Klein und unscheinbar sind die Anfänge. Eine Gruppe junger Leute trifft sich in der Werkstatt des Meisters Thiel, um zu singen, Erfahrungen und Meinungen auszutauschen. In ihrer Mitte beginnt Kolping mit seinen Montagabend-Vorträgen, einem ersten, durchaus gelungenen Versuch, den bisherigen „blauen Montag“ in einen Tag des Gesprächs und der Fortbildung zu verwandeln. Er will die Gesellen erziehen, sie aus ihrem Elend herausführen und ihnen helfen, wieder ein geachteter Stand in der bürgerlichen Gesellschaft zu werden. Für ihn gibt es nur einen richtigen Weg zu diesem Ziel: Fleiß, Gottvertrauen und Tüchtigkeit im Beruf. Daher lehrt er seine Gesellen, aus dem Glauben an Gott zu leben und tüchtige Fachleute sowie gute Familienväter und verantwortungsbewußte Bürger zu werden. Der Weg zur Tüchtigkeit, wie er zu sagen pflegt, „kann nicht spielend erworben werden, sondern ist Frucht ernster und anhaltender Anstrengungen, Entbehrungen und guter Gewohnheiten“.

Ein Dach schaffen, unter dem man sich zusammenfinden kann, das Heimstatt bietet, Selbstvertrauen gewinnen, aus dem neue Fähigkeiten wachsen, Hilfe zur Selbsthilfe leisten, das ist die Leitidee, von der ausgehend Kolping sein Werk in Angriff nimmt. Sein pädagogisches Programm ist einfach und einleuchtend: Dem jugendlichen Handwerker mangelt es an moralischem Halt und Zuspruch; dies findet er am besten unter seinesgleichen, da er sich dort ungezwungen fühlt, ansprechbar und anleitbar ist. Da Gelegenheiten fehlen,

ADOLF·KOLPING
DER GESELLENVATER

sich außerhalb der Arbeitsstätten und Wirtshäuser einigermaßen gemütlich zusammenzusetzen, sind entsprechende Räumlichkeiten zu schaffen. Den jugendlichen Handwerkern mangelt es außerdem an Möglichkeiten, sich in ihrem Beruf und für ihre Zukunft weiterzubilden. Darüber hinaus fehlen ihnen Information und Unterhaltung. Bietet man ihnen das alles an, kann man sie auch wieder für religiöse Fragen gewinnen und ihren Glauben beleben. Schließlich werden sie selber überzeugt für andere tätig werden – Multiplikatoren einer Idee und Helfer gleichermaßen. Diese Gedanken faßt Kolping noch in Elberfeld in der Schrift „Der Gesellenverein. Zur Beherzigung für alle, die es mit dem wahren Volkswohl gut meinen" zusammen.

Bei den Handwerksburschen treffen Kolpings Worte ins Schwarze. Seine Gedanken zünden, da er die derbe, volkstümliche Sprache der Werkstätten versteht und selber kennt. Sie schwören auf ihn, weil sich endlich jemand findet, der sie nicht abschätzig ansieht, sondern sich mit dem Herzen um sie müht. Das Gesicht dieses Priesters, der nicht fromm daherredet, sondern Frömmigkeit vor allem im Handeln beweist, holzschnittartig in seiner strengen Klarheit und gleicherweise von tiefer Güte und teilnahmsvoller Sorge, setzt sich in ihrer Erinnerung fest wie seine Worte in ihrem Bewußtsein.

1849 wird Adolph Kolping auf eigenen Wunsch hin eine Vikarstelle am Kölner Dom zugewiesen. Am 6. Mai desselben Jahres gründet er mit einem kleinen Kreis von Gesellen den Kölner Gesellenverein nach dem Muster und Vorbild des Elberfelder Vereins und baut nun von hier aus die Organisation auf, aus der dann später das Kolpingwerk erwachsen ist.

„Nützlich und angenehm" soll es nach Kolpings Willen im Verein zugehen. „Im Vereine wird geplaudert, gesungen, werden Vorträge gehalten, aber nicht gebetet und nicht gepredigt.“ Er will keine religiöse Bruderschaft ins Leben rufen, sondern alle Handwerksgesellen ansprechen, mit ihren elementaren Problemen. Er, der mit der ihm eigenen Überzeugungskraft und Glaubwürdigkeit Priester und Seelsorger ist und seine Wurzeln im kirchlichen Raum weiß, hält nichts von eiferndem Bekehrungs- und religiösem Belehrungsdrang. Kolping setzt auf langfristige Überzeugungs- und Bildungsarbeit durch beispielgebendes Tun.

Vier Jahre später, 1853 zählt der Gesellenverein in Köln bereits 700 Mitglieder, etwa ein Fünftel aller in der Gewerbekartei aufgeführten Junghandwerker. In einem neu erworbenen Gesellenhaus in der Breite Straße wird unterrichtet und berufliches Fachwissen vermittelt. Das Haus dient außerdem als Domizil für auswärtige Gesellen.

Der Publizist Adolph Kolping

Der Gesellenverein und seine Arbeit leben nicht nur vom guten Geist, sondern auch von genügend finanziellen Mitteln. Adolph Kolping erwirtschaftet als Publizist das Geld, das der Seelsorger und Gesellenvater Kolping benötigt. Über viele Jahre, bis zu seinem Todesjahr, gestaltet er den „Kalender für das katholische Volk“ und ist dessen Herausgeber, seit 1854 beim Kölner Verlag M. DuMont-Schauberg, mit 14.000 Exemplaren ein Bestseller. Außerdem arbeitet er als Herausgeber, Organisator und Autor der „Rheinischen Volksblätter“. Mit der Feder und dem Druck seiner Artikel, Betrachtungen und Kommentare vermittelt Adolph Kolping seine Reformideen und seine Glaubensüberzeugung einem breiten Leserpublikum. Er entwickelt sich zu einem der erfolg-

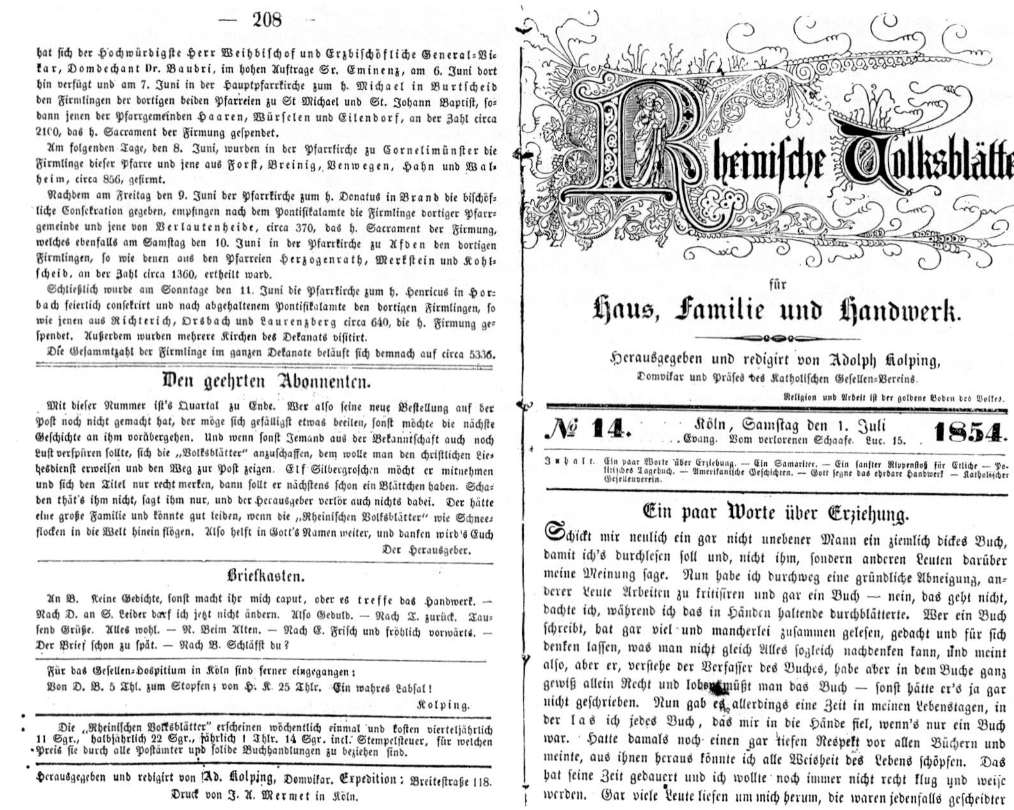

— 208 —

hat sich der Hochwürdigste Herr Weihbischof und Erzbischöfliche General-Vikar, Domdechant Dr. Baudri, im hohen Auftrage Sr. Eminenz, am 6. Juni dorthin verfügt und am 7. Juni in der Hauptpfarrkirche zum h. Michael in Burtscheid den Firmlingen der dortigen beiden Pfarreien zu St Michael und St. Johann Baptist, sodann jenen der Pfarrgemeinden Haaren, Würselen und Eilendorf, an der Zahl circa 2100, das h. Sacrament der Firmung gespendet.

Am folgenden Tage, den 8. Juni, wurden in der Pfarrkirche zu Cornelimünster die Firmlinge dieser Pfarre und jene aus Forst, Breinig, Venwegen, Hahn und Walheim, circa 856, gefirmt.

Nachdem am Freitag den 9. Juni der Pfarrkirche zum h. Donatus in Brand die bischöfliche Consekration gegeben, empfingen nach dem Pontifikalamte die Firmlinge dortiger Pfarrgemeinde und jene von Verlautenheide, circa 370, das h. Sacrament der Firmung, welches ebenfalls am Samstag den 10. Juni in der Pfarrkirche zu Afden den dortigen Firmlingen, so wie denen aus den Pfarreien Herzogenrath, Merkstein und Kohlscheid, an der Zahl circa 1360, ertheilt ward.

Schließlich wurde am Sonntage den 11. Juni die Pfarrkirche zum h. Henricus in Horbach feierlich consekrirt und nach abgehaltenem Pontifikalamte den dortigen Firmlingen, so wie jenen aus Richterich, Orsbach und Laurenzberg circa 640, die h. Firmung gespendet. Außerdem wurden mehrere Kirchen des Dekanats visitirt.

Die Gesammtzahl der Firmlinge im ganzen Dekanate beläuft sich demnach auf circa 5336.

Den geehrten Abonnenten.

Mit dieser Nummer ist's Quartal zu Ende. Wer also seine neue Bestellung auf der Post noch nicht gemacht hat, der möge sich gefälligst etwas beeilen, sonst möchte die nächste Geschichte an ihm vorübergehen. Und wenn sonst Jemand aus der Bekanntschaft auch noch Lust verspüren sollte, sich die „Volksblätter" anzuschaffen, dem wolle man den christlichen Liebesdienst erweisen und den Weg zur Post zeigen. Elf Silbergroschen möcht er mitnehmen und sich den Titel nur recht merken, dann sollt er nächstens schon ein Blättchen haben. Schaden thät's ihm nicht, sagt ihm nur, und der Herausgeber verlör auch nichts dabei. Der hätte eine große Familie und könnte gut leiden, wenn die „Rheinischen Volksblätter" wie Schneeflocken in die Welt hinein flögen. Also helft in Gott's Namen weiter, und danken wird's Euch

Der Herausgeber.

Briefkasten.

An B. Keine Gedichte, sonst macht ihr mich caput, oder es treffe das Handwerk. — Nach D. an S. Leider darf ich jetzt nicht ändern. Also Geduld. — Nach T. zurück. Tausend Grüße. Alles wohl. — N. Beim Alten. — Nach E. Frisch und fröhlich vorwärts. — Der Brief schon zu spät. — Nach B. Schläfst du?

Für das Gesellen-Hospitium in Köln sind ferner eingegangen:
Von D. B. 5 Thl. zum Stopfen; von H. K. 25 Thlr. Ein wahres Labsal!

Kolping.

Die „Rheinischen Volksblätter" erscheinen wöchentlich einmal und kosten vierteljährlich 11 Sgr., halbjährlich 22 Sgr., jährlich 1 Thlr. 14 Sgr. incl. Stempelsteuer, für welchen Preis sie durch alle Postämter und solide Buchhandlungen zu beziehen sind.

Herausgegeben und redigirt von Ad. Kolping, Domvikar. Expedition: Breitestraße 118.
Druck von J. A. Mermet in Köln.

Rheinische Volksblätter

für

Haus, Familie und Handwerk.

Herausgegeben und redigirt von Adolph Kolping,
Domvikar und Präses des Katholischen Gesellen-Vereins.

Religion und Arbeit ist der goldene Boden des Volkes.

№ 14. Köln, Samstag den 1. Juli 1854.
Evang. Vom verlorenen Schaafe. Luc. 15.

Inhalt. Ein paar Worte über Erziehung. — Ein Samariter. — Ein sanfter Rippenstoß für Etliche — Politisches Tagebuch. — Amerikanische Geschichten. — Gott segne das ehrbare Handwerk — Katholischer Gesellenverein.

Ein paar Worte über Erziehung.

Schickt mir neulich ein gar nicht unebener Mann ein ziemlich dickes Buch, damit ich's durchlesen soll und, nicht ihm, sondern anderen Leuten darüber meine Meinung sage. Nun habe ich durchweg eine gründliche Abneigung, anderer Leute Arbeiten zu kritisiren und gar ein Buch — nein, das geht nicht, dachte ich, während ich das in Händen haltende durchblätterte. Wer ein Buch schreibt, hat gar viel und mancherlei zusammen gelesen, gedacht und für sich denken lassen, was man nicht gleich Alles sogleich nachdenken kann, und meint also, aber er, verstehe der Verfasser des Buches, habe aber in dem Buche ganz gewiß allein Recht und lobenmüßt man das Buch — sonst hätte er's ja gar nicht geschrieben. Nun gab es allerdings eine Zeit in meinen Lebenstagen, in der las ich jedes Buch, das mir in die Hände fiel, wenn's nur ein Buch war. Hatte damals noch einen gar tiefen Respekt vor allen Büchern und meinte, aus ihnen heraus könnte ich alle Weisheit des Lebens schöpfen. Das hat seine Zeit gedauert und ich wollte noch immer nicht recht klug und weise werden. Gar viele Leute liefen um mich herum, die waren jedenfalls gescheidter

reichsten katholischen Publizisten des 19. Jahrhunderts. Seine Veröffentlichungen erreichen Spitzenauflagen im katholischen Deutschland. Ihre volkstümliche Sprache findet Aufnahme gerade bei den „einfachen" Leuten. Sein Ziel ist es, „die positiven Kräfte im Menschen zu stärken und

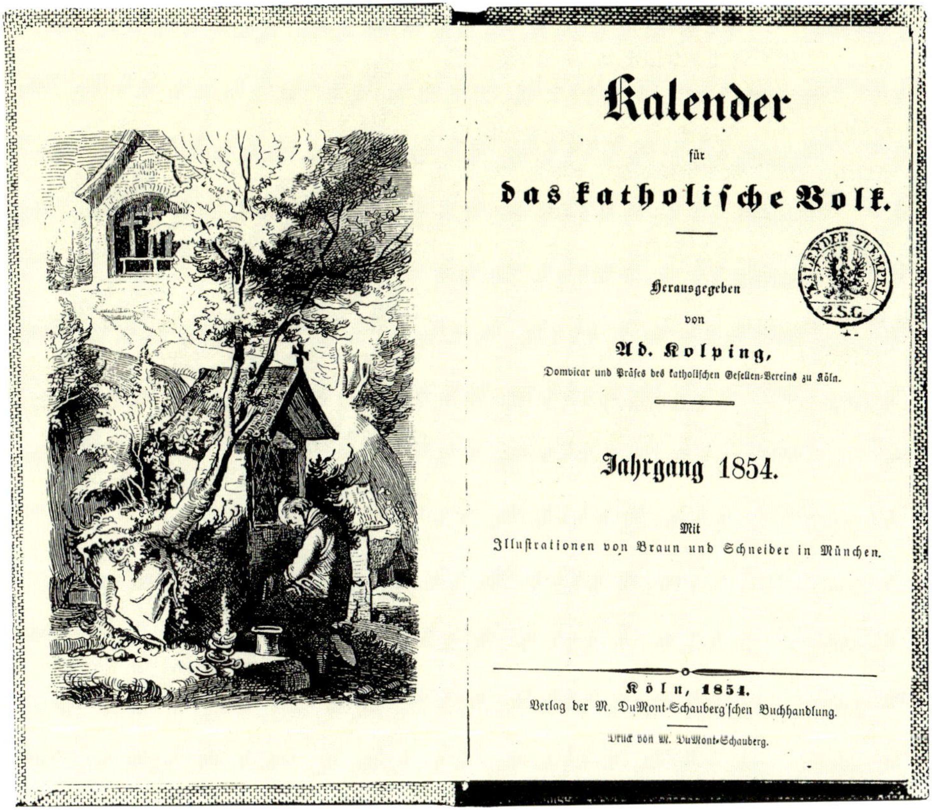

Kalender

für

das katholische Volk.

Herausgegeben

von

Ad. Kolping,

Domvicar und Präses des katholischen Gesellen-Vereins zu Köln.

Jahrgang 1854.

Mit

Illustrationen von Braun und Schneider in München.

Köln, 1854.

Verlag der M. DuMont-Schauberg'schen Buchhandlung.

Druck von M. DuMont-Schauberg.

den Glauben zu vertiefen". Dem widmet er sich auch als Publizist.

Während er sich tagsüber rastlos für die Gesellenvereine einsetzt, – der Kölner Verein wächst sehr bald und in zunehmenden Maße zu Gemeinschaften auch in anderen Städten –, sitzt er nachts häufig bis in die Morgenstunden am Schreibpult, um Beiträge für die „Rheinischen Volksblätter“ – oder den „Volkskalender“ zu schreiben. Die Antwort auf die sozialen und moralischen Probleme sieht er vor allem in einer intakten Familie: „Könnten wir dahin wirken, daß die Familien wieder das sind und würden, was Gott will, das sie sein sollen, dann hätten wir in der Hauptsache die Menschheit, die Gesellschaft gerettet, Tausende und zwar der empfindlichsten Leiden aus der Welt verbannt, unermeßliche Klagen erstickt und ihnen vorgebeugt.“ Als Sozialreformer und Vertreter der Genossenschaftsidee setzt er dem Liberalismus und dem beginnenden Marxismus ein soziales Christentum entgegen, von dem er überzeugt ist, daß es „einzig und allein zur wahren Humanität erziehen“ könne. So wirbt der Volksschriftsteller im Bürgertum seiner Zeit um die Erneuerung religiösen Denkens, um die Vertiefung des lebensoffenen Glaubens und um soziales Verantwortungsgefühl.

„Wenn das Weizenkorn nicht stirbt ...“

Kolpings geistliche Laufbahn führte ihn nicht zu hohen Ämtern. Rektor von Minoriten in Köln war der Endpunkt seines Weges im kirchlichen Dienst. Doch da sich eine Persönlichkeit von derart missionarischem Eifer und geistiger Aktivität „nicht in die engen Maschen einen kirchlichen Amtsbezirkes einspannen ließ“, wurde gerade diese Kirche zum Mittelpunkt eines regen religiösen Lebens weit über die Grenzen der Stadt und der Erzdiözese Köln hinaus. Sie ist in vielen Jahrzehnten Mittel- und Anziehungspunkt der von Adolph Kolping ausgelösten Bewegung. – Besondere Anerkennung fand Kolping, als ihm 1862 in Rom die Ernennung zum päpstlichen Geheimkämmerer durch Pius IX. überreicht wurde, der ihn zweimal zur Privataudienz empfing.

Minoritenkirche in Köln

Die Familie der Gesellenvereine wuchs rasch und stetig. Kolpings Unternehmungsgeist ist es zu verdanken, daß nach dem Kölner Beispiel in vielen Orten Gesellenvereine gegründet und Häuser eröffnet werden – Aachen, Bonn, Düsseldorf, Koblenz, Lüttich, Luxemburg … In Süddeutsch-

Pius PP. IX.

Dilecte Fili, Salutem et Apostolicam Benedictionem.

Dilectus Filius Noster Joannes S. R. E. Cardinalis de Geissel istius Archiepiscopalis Coloniensis Ecclesiae Antistes, quem singulari animi Nostri laetitia excepimus, ac summa benevolentia complexi sumus, cum nuper ad Nos venerit, obsequentissimas Tuas Nobis reddidit Litteras die 28. proximi mensis Februarii datas. Non mediocri certe jucunditate tum ab ipso Dilecto Filio Nostro, tum ab iisdem Tuis Litteris novimus, jam inde ab anno 1846. in oppido Elberfeldensi istius Coloniensis Dioecesis Catholicam Opificum Societatem fuisse fundatam, quae eo spectat, ut juniores praesertim Opifices apud suos magistros occupati et salutari catholicae religionis doctrina sedulo imbuantur, et ad morum honestatem, virtutemque formentur,

land und in Österreich treffen Handwerker zusammen, um Vereine zu gründen. Die Idee überschreitet Grenzen – sie findet überall Widerhall.
Da Kolping aus Erfahrung weiß, daß nur der Zusammenschluß im Verein den Gesellen sittlichen Halt und berufliche Stütze gibt, ist er bereit, als Seelsorger dafür jedes Opfer zu bringen. Für seine Gesellen bettelt er bei hoch und niedrig, für sie baut er Häuser und Herbergen, für sie dichtet er seine Volkserzählungen, für sie spricht er auf zahllosen Tagungen. Protestanten, seinerzeit noch durch eine breite Kluft von den Katholiken getrennt, werden Mitglieder, Freunde und Förderer der von ihm geschaffenen sozialen und religiösen Bewegung. Ein so großangelegtes und umfassendes Werk mit einer immer breiter werdenden Organisationsbasis erfordert die ganze Kraft seines Gründers. Nur ein Mensch mit seiner Willenskraft und seinem Frohmut vermochte zu leisten, was er sich zu leisten aufbürdete. Er litt in seinen letzten Jahren an Bluthusten und Herzbeschwerden, schonte sich aber nur selten.
Wir kennen das Gesicht Adolph Kolpings von einer Bilddarstellung, die unzählige Male wiedergegeben, sich bei uns eingeprägt hat: herbe, klare Züge, die ruhige Gewißheit, Mitgefühl und Strenge gleicherweise sowie eine gewisse Schwermut ausdrücken. Freunden gegenüber war Kolping aufgeschlossen und warmherzig. Fremde, die ihn nur flüchtig kannten, empfanden ihn manchmal als rauh oder herb. So herzlich und gewinnend sein Umgang mit den Gesellen war, so energisch konnte er sein, wenn er Fehlverhalten rügte und Disziplinlosigkeit mahnte.
Kolping war mittelgroß, besaß eine etwas gelbliche Gesichtsfarbe, forschende Augen, die sinnend, aber sehr wohl auch durchdringend wirkten, braunes und in seinen letzten Jahren dünn gewordenes Haar. Wer ihn direkt anblickte, stieß auf die Spuren

von Pockennarben, die von der schweren Krankheit sprachen, die er sich bei der Pflege eines kranken Mitgesellen zugezogen hatte. Sein Einsatz für die Menschen, die ihm vertrauten, seine Begeisterung für die Sache, die er sich zueigen machte, seine Beharrlichkeit und Überzeugungskraft sowie seine Zurücknahme der eigenen Person zeichneten das Bild einer Persönlichkeit, die bis in unsere Zeit für viele lebendig blieb als Leitbild weltoffenen Glaubens und sozialen Engagements. Er gab seine Lebenskraft wie ein Weizenkorn in die harte Erde seiner Zeit – und die Saat ist aufgegangen.

„Wo Liebe ist, da muß sie sich auch in der Tat und Wahrheit in allen Verhältnissen des Lebens wirksam zeigen und nicht in dem einen oder andern allein. Die Liebe erstreckt sich notwendig auf den ganzen Menschen, nicht bloß auf sein ewiges Heil, auch auf sein irdisches Wohl. […] Das Wohltun, die Hilfeleistung, die zarte, rücksichtsvolle Behandlung des Mitmenschen erfüllt so recht eigentlich das Leben des wahren Christen; durch die stets tätige und aufopfernde Liebe zum Mitmenschen erweist sich in ihm erst recht die angestrebte Gottähnlichkeit. Wir nennen das mit einem sehr verständlichen Ausdruck das Walten der christlichen Barmherzigkeit, die einzige Humanität nach außen.“

Adolph Kolping

Das Kolpingwerk

Am 4. Dezember 1865 starb Adolph Kolping. In seinem Todesjahr umfaßte seine „Familie" bereits rund 25.000 Mitglieder, die in über 400 Vereinen zusammenkamen. Inzwischen ist das Kolpingwerk, zu einer der großen internationalen katholischen Vereinigungen herangewachsen und hat zahlreiche neue, von sozialer Verantwortung geprägte Aufgaben in aller Welt übernommen. Der deutsche Zentralverband verzeichnet heute etwa 270.000 Mitglieder, die in 2800 Kolpingfamilien organisiert sind. Weltweit zählt das Internationale Kolpingwerk an die 370.000 Mitglieder. Wo das schwarzorangefarbene „K" als Zeichen aufleuchtet an Kolpinghäusern, bietet das Werk Adolph Kolpings Unterkunft, Gemeinschaft, Weiterbildung und Hilfe an. So wie er eine großartige Idee, die Chance eines kleinen Anfangs aufgriff und mit Leben erfüllte, so wird heute den Mitgliedern des Kolpingwerkes die Motivation und Fähigkeit vermittelt, sich – in Familie, Arbeitswelt, Kirche, Gesellschaft und Staat – als lebensnahe Christen zu engagieren und das Lebenswerk Jesu auf eine ganz konkrete Weise sichtbar und erfahrbar zu machen.

Adolph Kolping fand seine letzte Ruhestätte in Kölns Minoritenkirche, seither Ziel und Treffpunkt Hunderttausender von „Söhnen", die ihn als Vater verehren. Vor einer schlichten, in den Boden eingelassenen Platte mit der Inschrift „Er bittet um das Almosen des Gebetes" stehen Blumen, flakkern Lichter und verweilen nachdenkliche, betende Besucher. Sein Geist ist gegenwärtig. Der Grundsatz, nach dem er sein Handeln ausrichtete, ist sein Lebenswerk und Testament: „Tätige Liebe heilt alle Wunden, bloße Worte mehren nur den Schmerz."

Adolph Kolping
Er bittet
um das Almosen
des Gebetes

„Der Mensch ist zunächst für sich selber, d.h. für seine eigene Bestimmung da, aber er ist durch den Schöpfer in einen so innigen und lebendigen Verkehr mit seinem Mitmenschen gesetzt, er gehört natürlich und wesentlich so sehr der Menschheit an, daß weitaus in der Regel in ihr, im Zusammenhang mit ihr, er seine irdische Aufgabe erfüllen soll. Welt und Menschen gehören ihm an, und er gehört ihnen an. Die gegenseitige Einwirkung soll nicht einmal nicht von der Hand gewiesen werden, sondern ist eine Hauptbedingung des gedeihlichen menschlichen Lebens. Der christgewordene Mensch weiß das nicht bloß, sondern die Forderung, daß er den Mitmenschen, den Nächsten, also denjenigen, welchen er erreichen kann, lieben soll wie sich selbst, soll und muß er als das ergänzende Gesetz der Liebe zu Gott betrachten. […] Die ganze sittliche Weltordnung ruht auf religiösen Grundpfeilern, die man Glaubenssätze nennen kann. Mit ihnen hängt alles, nur das eine näher, das andere entfernter, zusammen, was Menschen auf dieser Welt nur tun und treiben. Soziales Leben, Politik, Volkswirtschaft und wie die Dinge heißen, die bloß irdisch und weltlich aussehen, hängen alle mehr oder minder mit jenen Grundpfeilern zusammen. Nimmt man einen dieser Grundpfeiler religiöser und auch sozialer Ordnung weg, so ist der ganze Bau gestört.“

Adolph Kolping

Blick in ein Zimmer des Kolping-Museums in Kerpen: neben dem Bett der Stuhl, auf dem Adolph Kolping starb

INTERNATIONALES KOLPINGWERK
BILDUNGSWERK • FERIENWERK • JUGENDGEMEINSCHAFTSDIENSTE

Zeittafel

8. 12. 1813	Adolph Kolping im rheinischen Kerpen als viertes Kind des Gemeindeschäfers geboren
1826 – 1829	Nach der Volksschule Schuhmacherlehre in Kerpen
1829 – 1832	Als wandernder Geselle bei Schuhmachermeistern der Umgebung
1832 – 1837	Arbeit in Kölner Werkstätten
1837 – 1841	Marzellengymnasium in Köln
1841 – 1842	Theologiestudium an der Universität München
1842 – 1844	Studium an der Universität Bonn
1844 – 1845	Priesterseminar in Köln
13. 4. 1845	Priesterweihe in der Kölner Minoritenkirche
1845 – 1849	Kaplan und Religionslehrer in Wuppertal-Elberfeld
9. 8. 1846	Der Gesellenchor tritt bei der Laurentiusprozession zum ersten Mal an die Öffentlichkeit
6. 11. 1846	Auf Initiative des Hauptlehrers Johann Gregor Breuer wird aus dem Chor der „Katholische Jünglingsverein zu Elberfeld"
Juni 1847	Adolph Kolping wird zum Präses des „Junggesellenvereins" gewählt, wie sich der Chor jetzt nennt
1848	Kolpings Programmschrift „Der Gesellenverein, zur Beherzigung für alle, die es mit dem Volkswohl gut meinen"
1. 4. 1849	Wechsel als Domvikar nach Köln
6. 5. 1849	Kolping gründet mit sieben Gesellen in der Kolumbaschule den Kölner Gesellenverein
1849 – 1865	Redakteur und Mitherausgeber, seit 1852 Alleinherausgeber des „Katholischen Volkskalenders"

1850 – 1865	Schriftleiter des „Rheinischen Kirchenblatts“
9. 10. 1851	Erste Rede auf einer Generalversammlung des „Katholischen Vereines Deutschlands“ in Mainz
1852	Reise nach Süddeutschland und Österreich; Gründung von Gesellenvereinen in Wien, München, Prag, Berlin. Zweite Programmschrift „Für ein Gesellenhospitium“
1854 – 1865	Verleger, Herausgeber und Redakteur der „Rheinischen Volksblätter für Haus, Familie und Handwerk“
1854	Gründung des ersten Schweizer Gesellenvereins in Rorschach
1856	Gründung des ersten amerikanischen Gesellenvereins in St. Louis; Reise nach Sachsen, Österreich, Ungarn und Kroatien
8. 9. 1858	Kolping wird zum Generalpräses des Gesellenvereins gewählt
1. 1. 1862	Ernennung zum Rektor der Kölner Minoritenkirche
22. 4. 1862	Ernennung zum Päpstlichen Geheimkämmerer
1862	Romreise mit zwei Audienzen bei Papst Pius IX.
1863	Reise nach Süddeutschland und in die Schweiz
1863 – 1865	Redakteur und Herausgeber der „Mitteilungen für die Vorsteher der katholischen Gesellenvereine“
17. 9. 1865	Letzter öffentlicher Auftritt Kolpings bei der Einweihung des Kölner Gesellenhospitiums
4. 12. 1865	Adolph Kolping stirbt in Köln
30. 4. 1866	Überführung des Leichnams in die Minoritenkirche
15. 11. 1980	Papst Johannes Paul II. besucht Adolph Kolpings Grab in der Kölner Minoritenkirche und nennt ihn ein „Leitbild“ für die Kirche von heute
27. 10. 1991	Papst Johannes Paul II. spricht Adolph Kolping in Rom selig

Quellenhinweise

S. 3, 5: KNA-Bild, Frankfurt a. M. – S. 4, 6, 7, 13, 16, 17, 20, 23, 28: Archiv der Kolpingzentrale Köln – S. 11, 19, 25, 27: Martin Grünewald, Köln – S. 22, 26, aus: „Rheinische Volksblätter“ 1857 (S. 515), 1859 (S. 759), 1858 (S. 759) und 1861 (S. 115) – S. 29, 30, aus: Christian Feldmann, Adolph Kolping – Für ein soziales Christentum, Verlag Herder, Freiburg i. Br. 1991

ISBN 3-451-22478-X

Reproduktionen: Schaufler Reproelektronic, Freiburg i. Br.
Gesamtherstellung: Dinner-Druck GmbH, Allmannsweier